AF562513

L'EXPÉDITION DU TOUAT

DAMON, Sous-Intendant Militaire

L'EXPÉDITION DU TOUAT

CONFÉRENCE

FAITE A LA RÉUNION DES OFFICIERS DE SIDI-BEL-ABBÈS

PARIS
HENRI CHARLES-LAVAUZELLE
Éditeur militaire
11, PLACE SAINT-ANDRÉ-DES-ARTS 11

(Même maison à Limoges.)

L'EXPÉDITION DU TOUAT

I. — Considérations générales.

L'histoire nous apprend que les conquérants du nord de l'Afrique ont toujours dû s'étendre progressivement dans le sud, pour assurer la sécurité de leurs établissements dans le Tell. Les tribus soumises sont, en effet, exposées aux agressions ou aux excitations de celles qui sont plus éloignées; elles réclament notre protection, ou sont obligées de faire cause commune avec les insurgés. Il faut les défendre; de là des expéditions coûteuses et périodiques qui entraînent l'occupation des points importants, étapes obligées ou magasins des nomades.

En 1834, le Gouvernement avait décidé de limiter l'occupation aux quatre villes de Bône, Bougie, Alger et Oran; moins de cinquante ans après, nous occupions, à l'exemple des Romains, le Tell, les hauts plateaux et même les premières oasis sahariennes.

La loi de la poussée vers l'intérieur s'est également imposée aux conquérants du Sénégal et du Soudan, et aujourd'hui l'attention est vivement attirée vers cette immense étendue de territoire que la convention de Berlin et l'acte général de Bruxelles ont réservée à l'influence française et qui s'étend du Sud oranais à la Côte-d'Ivoire et du Sud tunisien au lac Tchad. Il m'a paru intéressant d'étudier une des manières qui peuvent être adoptées pour l'occupation de cette région. Après une description sommaire du pays, je discuterai l'utilité de l'occupation du Touat. Je ferai ensuite une hypothèse sur l'organisation générale de l'expédition, ce qui me permettra d'étudier en détail l'organisation d'une colonne expéditionnaire, surtout au point de vue des services administratifs. Je pourrai ainsi calculer approximativement la dépense de l'expédition et de l'occupation, ce qui m'amènera à dire un mot du transtouatien et à déduire de mon exposé une conclusion.

II. — Description sommaire du pays.

1° *Pays des Touareg.* — Le pays compris entre la boucle du Niger et le Touat est encore peu connu. Divers explorateurs en ont parcouru les extrémités; mais aucun Européen n'a encore pu pénétrer au cœur de cette région. On sait cependant que, sur la ligne de partage des eaux entre la Méditerranée, l'Océan, le Niger et le lac Tchad, il y a des montagnes élevées, notamment les monts Ahaggar, qui se couvrent parfois de neige et qui se prolongent au nord par le plateau du Tedmaït, au Touat, et la Ride qui s'étend jusqu'à El-Goléa et Laghouat. Les eaux condensées par ces montagnes coulent souterrainement dans les vallées, où l'on trouve des nappes artésiennes et des oasis.

Ce pays est occupé par les Touareg : Touareg Hoggar, les plus fanatiques au sud de l'Algérie; Touareg Azdjer, au sud de la Tripolitaine; Touareg Aouellimmiden, au nord de la boucle du Niger; Touareg Kéloui, au nord du lac Tchad. On ignore les dépôts de leurs richesses. On sait qu'ils sont souvent en guerre les uns contre les autres; que, montés à mehara, ils peuvent faire jusqu'à

120 kilomètres par jour; qu'ils conduisent et pillent les caravanes; que ces caravanes font surtout le commerce du sel, des dattes et des esclaves; que les échanges se font près des salines de Idjil et Taoudeni à l'ouest, Amadgar au centre, Bilma à l'est.

2° *Touat.* — Les bas-fonds du Touat sont mieux connus. Ce pays ne peut être mieux comparé qu'à l'empreinte d'un immense fer à cheval sur le Sahara. La fourchette a formé le plateau du Tedmaït, la pince a creusé le Touat proprement dit, la branche droite le Gourara, la branche gauche le Tidikelt.

Les oasis du Gourara sont divisées en neuf districts, sans grande affinité politique entre eux. Les principales, et notamment la plus importante, celle de Timmimoun, sont situées sur les bords d'une grande sebkha. Comme d'habitude, chaque oasis comprend un certain nombre de ksours, villages fortifiés susceptibles d'une grande résistance, parce que les obus passent à travers les murs en terre argileuse sans les renverser, et que, tous les jardins étant clos, le nombre des murs à enlever est considérable. L'oasis de Tabelkosa est la plus rapprochée du Sud oranais.

Les oasis du Touat proprement dit sont divisées en dix districts et situées sur la rive gauche de l'oued Messaoud. L'oasis de Timmi est la plus importante; elle comprend quarante ksours.

Les oasis du Tidikelt sont divisées en deux groupes. Celle d'Insalah est la plus importante.

On compte dans ces oasis 400.000 habitants et cinq millions de palmiers. Les habitants sont divisés en deux partis : les uns serviteurs religieux des Ouled Sidi Cheikh et favorables à l'occupation française; les autres appartenant à la confrérie tripolitaine des Senousia, très hostiles à la France.

3° *Sahara algérien.* — Ce pays, situé au nord du

Touat, comprend d'abord une immense lande de dunes de sable, l'Erg, large de 200 kilomètres dans le Sud oranais, de 400 kilomètres dans le sud de la province de Constantine, et qui se rétrécit jusqu'à 1.500 mètres, au sud d'El Goléa. Au nord de l'Erg, s'étendent de vastes plateaux caillouteux, arides, appelés Hamada. Dans le sud de la province d'Alger, on les appelle Chebka (filet) lorsqu'ils sont ravinés, Gantara (pont) ou Gnater (ponts) lorsqu'ils sont allongés, Daya lorsqu'on y trouve des bas-fonds où poussent les bétoums.

Cette région est limitée au nord par la grande chaîne saharienne, qui porte successivement, de l'ouest à l'est, les noms de montagnes des Ksours, Djebel Amour, monts des Oulad Nayl, du Zab, de l'Aurès, des Nemencha.

Les eaux sont partagées par la ride qui prolonge le plateau du Tedmaït vers El Golea et Laghouat : à l'ouest, l'oued Zousfana et son principal affluent l'oued Guir, l'oued Namous, l'oued Gharbi, l'oued Seggueur, l'oued Zergoun coulent vers le sud; à l'est, l'oued Igharghar, qui descend du Djebel Ahaggar, et son affluent, l'oued Mia, qui descend du Tedmaït, se dirigent vers le nord, vers les bas-fonds de l'oued Righ. Ces diverses vallées et la ride de partage des eaux jalonnent les routes du Touat.

Les principales tribus qui parcourent le Sahara algérien sont : 1° les tribus marocaines des Beni Guil entre Aïn Chaïr et le Tell, des Oulad Djerir à l'ouest de Figuig, des Doui Menia entre Figuig et le Tafilalet; 2° les tribus françaises des Hamians du cercle de Mecheria, des Amours du cercle d'Aïn Sefra, des Trafi et des Oulad Sidi Cheikh du cercle de Géryville, des Larbaa entre Boghar et le Mzab, des Oulad Nayl entre Djelfa, Bou Saada et Tougourt, et surtout des Chambaa entre le Mzab, Ouargla, Insalah et Ghadamès, dont les goums sont montés à mehara. Les Oulad Sidi Cheikh, dont la zaouïa est à El Abiod, ont une grande influence religieuse sur la plupart de ces tribus. Les nomades sont généralement divisés en deux partis : l'un démocrate, qui considère la conquête comme un fait accompli; l'autre, le vieux parti, l'aristocratie, qui a vu diminuer ses privilèges et qui nous est hostile.

Leurs richesses consistent principalement en moutons et chèvres, chevaux, ânes et chameaux. Entre autres, les Hamians comptent 11.000 âmes et possèdent 100.000 moutons, 12.000 chameaux, etc. Les Trafi et les Oulad Sidi Cheikh comptent 30.000 âmes et possèdent 200.000 moutons et 25.000 chameaux.

Les nomades du sud font leurs grandes migrations au printemps et à l'automne. Ils vont passer l'hiver près des oasis sahariennes qui sont généralement leurs propriétés; au printemps, ils laissent leurs fermiers (*Khammès* de Khamsa, cinq) dans les ksours, et remontent jusqu'à la limite du Tell. Ils profitent de ces migrations pour vendre leurs produits, chevaux, moutons, laine, faire leurs provisions de dattes, tabac et épices dans le sud, de céréales, denrées coloniales et produits manufacturés dans le Tell, tant pour leur consommation que pour leur commerce.

III. — Utilité de l'occupation.

La richesse des tribus de la frontière du Sud oranais est évaluée à cinq millions. L'occupation de leur territoire nous coûte 2 millions et demi par an. Elle constitue donc, jusqu'à ce jour, une opération peu économique. Je dois ajouter que cette occupation n'a pas seulement pour but de surveiller et de protéger les Hamians et les Amours, mais surtout d'assurer la sécurité de toute notre colonie : l'histoire de notre conquête nous apprend que les excitations arrivent du Maroc et que la révolte se propage avec la rapidité de l'incendie. Les tribus marocaines qui viennent renforcer les nôtres, ou les tribus algériennes qui se réfugient au Maroc, sont obligées, par la nature du pays, à suivre l'itinéraire Aïn ben Khelil, Mecheria, Tismoulin, ou bien Aïn Sefra, Chellala, Géryville, ou bien Djenien, El Abiod, Brézina. En occupant les principaux points de passage de la frontière, Aïn ben Khelil, Mecheria, Aïn Sefra, Djenien, et en reliant ces points par une voie ferrée, on a rendu à peu près impossibles les mouvements des tribus, et assuré par conséquent la sécurité du pays et la tranquillité de l'Algérie. J'ai insisté sur ce point, parce que l'occupation du Touat ne fera que continuer celle du Sud oranais. Au début, les résultats économiques seront ceux qu'on a obtenus dans le Sud oranais, *multipliés par* trois; mais les résultats politiques seront très importants, si l'occupation est faite d'une manière aussi logique que celle du Sud oranais, c'est-à-dire au moyen d'une série de postes placés près de la frontière, aux points de passage obligés, et reliés par une voie ferrée.

La plus grande partie de l'immense territoire réservé à l'influence française est inculte ou mal cultivée; mais ce n'est pas le désert plat et sablonneux. Le Sahara est assez accidenté et le plus souvent caillouteux. L'activité humaine se manifeste partout où il est possible de trouver de l'eau, c'est-à-dire sur le cours des oued, à proximité des chott, des dunes et des montagnes.

Il n'est pas rare de trouver, même dans le Sahara, d'immenses plaines qui se transforment pour quelques jours, au printemps et à l'automne, en véritables prairies émaillées de fleurs, et qui seraient très fertiles, si elles contenaient l'humidité nécessaire à la végétation. Sur les hauts plateaux et dans le Sahara, il pleut généralement au moment des équinoxes (du 20 mars au 20 avril, du 20 septembre au 20 octobre).

Mais les montagnes n'étant pas boisées, la terre n'étant pas cultivée, cette eau glisse rapidement à la surface du sol sans y pénétrer, se réunit dans les bas fonds en larges nappes, où elle est évaporée par le soleil si elle n'est pas protégée par une couche de sable ou de terre perméable. Ainsi, les terres sont incultes — et les reboisements difficiles — parce qu'elles n'ont pas assez d'humidité; et l'eau ne pénètre pas dans ces terres parce qu'elles sont incultes. Cercle vicieux dont il est difficile de sortir.

Et cependant, le pays a été autrefois arrosé par de grands cours d'eau dont on voit encore les berges. Au temps des guerres puniques, il y avait des forêts et des marécages où vivaient les éléphants des Carthaginois. Le pays est aujourd'hui certainement plus sec qu'à l'époque romaine, mais la culture dispose de moyens plus perfectionnés. Les premiers essais sérieux de colonisation remontent à 40 ans à peine et les vieux Algériens sont unanimes à reconnaître que le climat du Tell s'est déjà notablement modifié. Les barrages et les irrigations ont permis d'étendre les cultures; l'humidité, retenue par les terres remuées et par la végétation, a amené les pluies; les reboisements sont devenus plus faciles, le climat plus humide, le siroco moins fréquent. La sécurité, la création de points d'eau, la facilité d'écouler le bétail dans le Tell et en France, opèrent la multiplication des troupeaux des nomades. La culture s'étend même sur les hauts plateaux; en 1896, il y a eu à Mecheria une récolte d'orge comme les indigènes n'en avaient jamais vue.

Les Mozabites ont transformé en magnifiques jardins le sol aride et sans nappe de la Chebka. Des compagnies ont créé et exploitent avec fruit des oasis dans l'oued Righ, dont la population avait doublé vingt ans après les premiers forages. La population française a doublé depuis 20 ans en Algérie. N'est-t-il pas permis d'espérer que la colonisation s'étendra même sur le Sahara ? 60 ans après la conquête, nous sommes presque aussi avancés que les Romains après 600 ans. Quels magnifiques résultats n'eût-on pas déjà obtenus en Afrique, si les deux derniers siècles eussent versé sur cette terre les milliards et les générations sacrifiés sans grand profit dans les luttes européennes ? Notre génération ne verra certainement pas cet âge d'or ; mais les intérêts de la civilisation, la gloire de la race française nous obligent à poursuivre la lutte gigantesque entamée pour le partage de l'Afrique.

Dans les colonies, les trois branches de l'activité humaine se développent dans l'ordre suivant : commerce, agriculture, industrie. Les missionnaires et les explorateurs arrivent les premiers et sont bientôt suivis par des commerçants aventureux auxquels une connaissance sommaire du pays et une sécurité relative suffisent. Le commerce se développe et ne tarde pas à réclamer la protection de l'armée. A la suite des troupes la sécurité augmente, les commerçants s'enrichissent, deviennent colons, dressent des travailleurs indigènes, attirent les capitaux nationaux, et enfin apparaissent les industries de plus en plus savantes.

Pour la partie centrale de l'Afrique occidentale française, nous en sommes encore aux explorateurs. Pour arriver à la période commerciale, on eut d'abord l'idée du chemin de fer *transsaharien* reliant l'Algérie au Sénégal sur une longueur de 4.000 kilomètres. Les quarante premiers kilomètres du chemin de fer de Kayes au Niger, confiés à une entreprise civile, ayant coûté 20 millions, le grand projet fut remis à l'âge d'or dont j'ai parlé. Notre génération paraît devoir se contenter du programme suivant : comparant le désert à une mer intérieure et les caravanes à des navires, on a pensé que, pour être les maîtres de cette mer, il suffirait d'en tenir les ports, Tombouctou et Insalah, et de relier ces points à la côte par des voies ferrées ou fluviales, de sorte que le transsaharien est devenu le transsoudanien et le transtouatien. Au sud, Tombouctou a été occupé; le chemin de fer qui doit relier le haut Sénégal au haut Niger, de Kayes à Bammako, est en construction. Au nord, il reste à occuper le Touat et à relier ces oasis à Aïn-Sefra.

IV. — Organisation générale de l'expédition.

En 1857, une délégation vint du Touat à Alger solliciter le protectorat français. Aucune suite ne fut donnée à cette demande, qui parut prématurée. Depuis, ces pays ont fait hommage au sultan du Maroc. Mais le Touat se trouvant dans la zone réservée à l'influence française, l'occupation de ce pays ne peut donner lieu à aucune difficulté diplomatique avec les puissances européennes. En outre, le traité de 1845, qui nous lie avec le Maroc, n'a délimité la frontière que jusqu'au col de Teniet es Sassi, à l'ouest d'El Aricha. Au delà, dit l'article 4, il n'y a point de limite territoriale à établir, puisque la terre ne se laboure pas ou est inhabitable. Les plénipotentiaires se sont bornés à déterminer les tribus relevant de la France ou du Maroc, à désigner quelques ksours comme appartenant à la France et en attribuer deux au Maroc, Ich et Figuig. Il n'y a donc pas de difficulté sérieuse à craindre avec le Maroc. L'occupation du Touat n'est qu'une question d'opportunité.

L'organisation générale de l'expédition et la détermination des effectifs ne sont pas de ma compétence. Aussi, je vais faire simplement une hypothèse à ce sujet, pour me permettre de continuer mon raisonnement. Si, dans la pratique, ces effectifs sont différents, mon raisonnement sera le même. Il suffira de modifier dans la même proportion les effectifs des services administratifs et la dépense de l'expédition, que je déterminerai plus loin.

Comme la colonne Galliffet sur El Goléa en 1873, comme au Mzab en 1882, il est possible que les colonnes expéditionnaires ne trouvent pas de résistance. Mais il ne faut pas oublier que l'opinion publique est très nerveuse en France, surtout en matière d'expéditions coloniales, et que le moindre échec peut compromettre le résultat final. Il sera donc prudent d'éviter les aventures, de bien organiser les colonnes, sans qu'il soit nécessaire de leur donner un effectif élevé, et surtout de prendre les plus minutieuses précautions pour le ravitaillement. Il serait facile et économique d'organiser des colonnes composées exclusivement d'indigènes; mais, dans l'intérêt de la civilisation, si nous voulons avoir sur le pays une autorité durable et nous créer des relations avec le Soudan, il paraît préférable de confier l'expédition à l'armée régulière.

La méthode qui paraît la plus pratique est celle du maréchal Bugeaud, celle des colonnes convergentes, qui fut employée en 1853 pour l'occupatien d'Ouargla : lancer en avant les goums des tribus, qui sont seuls aussi mobiles que les indigènes, et les soutenir à distance par des colonnes régulières parties de Laghouat, de Géryville et d'Aïn-Sefra, ayant respectivement pour objectif le Tidikat, le Gourara et le Touat proprement dit.

La colonne de Laghouat aura l'avantage d'avoir une ligne d'étapes jalonnée par les postes militaires de Gardaïa, El Goléa, Fort Miribel, de suivre un chemin facile, sur lequel l'Erg se réduit à 1.500 mètres, mais où les points d'eau sont rares et les transports onéreux. Du Tell de la province d'Alger à Insalah, il faut compter 1.100 kilomètres, non desservis par une voie ferrée. En supposant à 0 fr. 07, moyenne des prix du Sud oranais, le transport kilométrique du quintal, on voit que 100 kilos d'orge, valant 13 francs dans le Tell, coûteront 30 francs à Inselah. Aussi, si le pays est tranquille, il sera préférable de ravitailler cette colonne par Bou-

Ktoub, Géryville, Brézina, El Goléa. Cet itinéraire, actuellement suivi par les commerçants qui ravitaillent El Goléa, permettra de réaliser une économie de 12 francs par quintal. Afin de diminuer les frais de transport, la colonne de Laghouat aura un effectif très réduit et sera composée surtout de troupes sahariennes.

La *colonne de Géryville* suivra l'itinéraire habituel des caravanes qui vont au Gourara : El Abiod, oued Gharbi, Benoud, Hassi Cheikh, Tabelkoza, itinéraire relativement court, sécurité complète, points d'eau nombreux, puits faciles à créer; mais il faudra traverser 200 kilomètres d'Erg, impraticable aux mulets, fatigant pour les fantassins. Cette colonne devra être composée surtout d'indigènes et de chameaux. De Bouktoub à Timmimoun il y a 700 kilomètres; les 100 kilogrammes d'orge reviendront à 63 francs dans cette oasis, si l'on suit l'itinéraire précédent et à 52 francs si les transports se font par Aïn Sefra, Benoud, etc. De Mengoub, une piste va directement au Gourara, mais il faut rester quatre jours sans eau.

La *colonne d'Aïn Sefra* descendra l'oued Zousfana et suivra l'itinéraire naturel du Touat, dans une vallée habitée, où l'on trouve de l'eau et des ressources à chaque étape. D'Aïn Sefra à Timmi, il y a 730 kilomètres; les 100 kilogrammes d'orge reviendront à 66 francs dans cette oasis.

Je ne m'occuperai spécialement que de la colonne d'Aïn Sefra; il sera facile au lecteur d'appliquer mon raisonnement aux deux autres colonnes.

V. — Organisation détaillée de la colonne d'Aïn Sefra.

1° *Itinéraire.* — La superbe oasis de Figuig, grand marché entre les produits européens et ceux du sud, serait la tête d'étape naturelle de la colonne opérant par l'oued Zousfana. Malheureusement, le traité de 1845 a attribué Figuig au Maroc. En attendant que nos diplomates ou un commandant de colonne entreprenant aient trouvé le moyen opportun d'occuper cette oasis, et que le chemin de fer de Djenien soit terminé, Aïn Sefra doit être considérée comme tête d'étapes, et l'itinéraire doit tourner Figuig par l'oued el Aouedj. D'Aïn Sefra à Zoubia il n'y a aucune difficulté. Dans l'oued el Aouedj, les points d'eau manquent, mais il paraît facile d'en créer un ou deux. A partir du confluent de cet oued avec l'oued Zousfana, on trouve une série de puits dont le nombre peut être facilement augmenté, car dans l'oued Zousfana, collecteur de masses d'eau considérables, l'eau est à fleur de terre et il est souvent possible de s'en procurer avec un simple couvercle de gamelle. Lorsque la sécurité sera établie dans cette région, il sera certainement facile de créer des oasis sur les deux rives de l'oued. Près de l'un de ces points, à choisir sur place, à une centaine de kilomètres de Djenien, vers Ksar el Azoudj, on organisera un gîte principal d'étapes. On trouve ensuite les oasis des Beni Goumi; dans l'une d'elles, par exemple, à Zaouïa Foukania, il faudra installer le deuxième gîte principal d'étapes, à une centaine de kilomètres du premier. Le troisième gîte principal sera organisé à Igli, au confluent de l'oued Guir et de l'oued Zousfana qui prend ensuite le nom d'oued Messaoura (heureuse). Viennent ensuite les oasis de Mouizer, Beni Abbès et du Blad Rhaba (forêt) où l'on installera le quatrième gîte, à Guerzim, par exemple. Le cinquième gîte sera organisé dans les oasis du Blad Kersaz, à Raffa, d'où l'on peut aller au Gourara en deux étapes. Descendant toujours l'oued Messaoura, qui prend le nom d'oued Messaoud, il sera nécessaire de créer un sixième gîte à Hassi ben Ahmed, d'où l'on ira en quatre étapes à Timmi, capitale du Touat.

En résumé, d'Aïn Sefra au cœur du Touat, il y a trente *étapes* et il faudra créer six *gîtes principaux*. L'époque la plus favorable pour le départ de la colonne est la fin d'octobre, après les pluies de l'équinoxe d'automne. A ce moment, les points d'eau sont bien alimentés, la température, un peu fraîche la nuit, est très agréable pendant la marche.

2° *Effectif de la colonne.* — Les effectifs et les ressources des indigènes marocains de la frontière, qui ont des intérêts dans les oasis traversées par l'itinéraire, sont approximativement les suivants :

	FANTASSINS.	CAVALIERS.	CHAMEAUX.	MOUTONS.
Beni Guil...........	3.000	1.500	7.000	400.000
Oulad Djerir.......	500	150	2.000	80.000
Doui Menia.........	3.000	800	6.000	30.000
Figuig...............	3.000	50	50	3.000

En tenant compte de ces effectifs, des partisans que nous avons à Figuig et dans ces tribus, des divisions qu'il serait possible de susciter entre elles, des expériences faites déjà dans ces régions, notamment en 1870 par le général de Wimpfen, on peut affirmer qu'avec 1.000 baïonnettes, 300 sabres, 6 canons et une bonne ligne d'étapes, un commandant de colonne intelligent, solide et bien renseigné, fera toujours la loi dans le Sahara. Pour fixer les idées et pour continuer mon raisonnement, j'admettrai donc que l'effectif sera celui de la colonne ordinaire, 1.800 rationnaires, 600 chevaux et mulets. Cet effectif est également celui de la colonne de 1896 ; il a le grand avantage de permettre la suppression presque complète de l'équipage d'eau, qui serait fort encombrant avec une colonne plus forte. En effet, en novembre, la plupart des points d'eau du sud peuvent fournir environ 15 mètres cubes par vingt-quatre heures, c'est-à-dire 5 litres par homme et 10 litres par cheval ou mulet pour l'effectif précité. La colonne de 1896 peut également servir de modèle pour la composition détaillée de l'effectif. J'admettrai donc que la colonne comprendra : un quartier général, un bataillon de la légion, un bataillon de tirailleurs, un escadron de spahis, un escadron de chasseurs, un goum, une batterie d'artillerie, un détachement du génie muni surtout d'un matériel de forage et d'appareils de télégraphie optique, un fort détachement du train pour le transport des bagages, de l'ambulance, du trésor et des postes, un convoi de marche, à dos de chameau, pour le transport des subsistances et du campement, une boulangerie légère à dos de chameau.

3° *Effectif des étapes.* — Ordinairement les colonnes n'ont pas de ligne d'étapes; il serait inutile de créer cet organe, si l'on était sûr de ne pas trouver de résistance. Pour une expédition à si grande distance, il paraît prudent de créer quelques gîtes principaux d'étapes fortifiés qui permettront d'évacuer les malades, de renforcer, de ravitailler la colonne et de la renseigner rapidement par la télégraphie optique. Ces gîtes seront des centres de rassemblement et de ravitaillement en cas de revers, et permettront d'éviter un désastre. En outre, comme je l'ai dit plus haut pour le Sud oranais, si nous occupons le Touat, nous serons forcément amenés à créer sur la frontière une ligne de postes fortifiés qui prolongeront ceux de Saïda à Djenien. Après deux véritables désastres, les Russes n'ont traversé le désert transcaspien qu'après avoir jalonné une route militaire par des postes fortifiés, avec une prudence qui ne s'est plus démentie. Il ne sera, d'ailleurs, pas nécessaire de laisser dans ces postes un effectif bien élevé. L'expérience des insurrections en Algérie, notamment celle de 1871, a prouvé qu'un bordj, pourvu d'eau, de vivres et de munitions, résiste toujours jusqu'à l'arrivée des colonnes de secours, si son étendue est en rapport avec le nombre de ses défenseurs. Avec une garnison de 100 hommes, le bordj de Beni Mansour a résisté cinquante-deux jours. J'admettrai donc qu'une garnison comme celle de Djenien, 150 hommes dont 25 cavaliers, suffira pour garder chaque gîte principal fortifié pourvu largement de défenses accessoires, et pour escorter les convois avec le concours des détachements de renfort envoyés à la colonne. Ces gîtes seront reliés entre eux par la télégraphie optique. Dans chacun d'eux on installera un four de deux travées, système Geneste et Herscher. Il sera, en outre, facile de renforcer momentanément certains de ces postes, si le pays ne paraît pas tranquille.

VI. — Quelques détails sur les services administratifs.

§ 1er. — *Sous-intendance.*

La sous-intendance comprendra : un sous-intendant, un officier d'administration des bureaux, deux commis. Règlements et imprimés habituels.

§ 2. — *Convoi de marche.*

1° *Personnel.* — Un officier d'administration comptable, deux sous-officiers, douze commis et ouvriers, tous choisis solides, habiles distributeurs, connaissant bien le matériel des subsistances et du campement. Comme, en novembre, les jours sont courts, que la colonne n'arrivera à l'étape qu'entre midi et 1 heure, que les ouvriers d'administration doivent servir les autres avant de penser à eux, il est essentiel de bien spécialiser ces hommes dès le début, de manière qu'à l'arrivée, chacun sachant ce qu'il a à faire, tout se fasse vite et bien. Pendant la colonne de 1896, une heure après l'arrivée au camp, la distribution était terminée, les tentes montées et la soupe sur le feu.

2° *Approvisionnements.* — L'ambulance n'ayant eu rien à faire pendant la colonne de 1896, la ration adoptée pour ces manœuvres me paraît devoir être continuée. Les allocations gratuites seront les suivantes :

		Grammes.
Troupe :	Pain biscuité sans entailles......	700
	ou pain de guerre..............	550
	Riz ou haricots................	60
	Graisse........................	30
	Sel............................	16
	Sucre..........................	21
	Café ou tablettes..............	15 (1/2 tablette)
	Vin............................	$0^{l},25$
	Eau-de-vie.....................	$0^{l},0625$
	Tabac..........................	10^{gr}.
	Eau..... 5 litres par homme, 10 litres par cheval ou mulet.	
	Orge..... 4 k. 500 par cheval ou mulet.	
	Son...... 1 kil. —	

Pour les *indigènes*, la ration de vin sera remplacée par une ration de sucre et café, celle d'eau-de-vie par l'indemnité représentative.

Les *cavaliers du goum* recevront les allocations habituelles : pain biscuité 700 gr., sel 12 gr., sucre 21 gr., café 16 gr., orge 5 kil.

Les *distributions remboursables* seront limitées comme il suit :

Officiers : 1 ration de pain, 2 de vivres, 4 de vin, de sucre et café.

Sous-officiers : 1 ration de pain, 2 de vivres, 1 de vin, de sucre et café.

Troupe : 1 ration de pain de soupe, ou de semoule, ou de pâtes alimentaires, 1 ration de julienne.

Spahis : 1 ration de vivres de toute nature avec remplacement du vin par une ration de sucre et café.

Au lieu d'attribuer aux officiers et à la troupe la ration forte de campagne, il est préférable de n'allouer que la ration qui vient d'être indiquée, et l'indemnité des troupes en marche, pour permettre aux officiers et à la troupe d'apporter un peu plus de variété dans leur alimentation. Les officiers pourraient ainsi emporter des conserves de foie gras, de pois et de haricots verts, de ham, de choucroute, de tripes à la mode, de grenades, toutes choses précieuses pour le repas du matin; la troupe pourra acheter dans les oasis des légumes verts, des navets et même quelques pommes de terre que les indigènes commencent à cultiver. Le convoi devra pouvoir distribuer, à titre remboursable, quelques tonnelets d'huile et de vinaigre pour la salade d'herbe ou de légumes, si agréable dans les pays secs. Les semoules et les pâtes alimentaires alterneront avec le pain, pour faire la soupe; à égalité de valeur nutritive, elles pèsent moins que le pain; elles ont aussi l'avantage de varier l'alimentation et d'alléger le service fort difficile de la boulangerie.

Pour les *animaux*, le son corrigera les effets d'une ration uniquement composée d'orge.

3° *Matériel*. — Le matériel réglementaire suffira. Je ferai simplement remarquer que les robinets de la série de marche sont trop petits et rendent très longues les distributions de liquides.

Le pays étant très sec, la tente à distribution sera avantageusement remplacée par quelques prélarts; les distributions se feront en plein air. Il serait utile de remplacer les caisses, portées à dos de chameau, par des *corbeilles en osier*, du modèle adopté pour les alpins.

4° *Chameaux*. — Le *convoi de marche*, très gênant pour la colonne qui l'encadre, sera réduit au strict minimum : 2 jours de vivres de réserve pour remplacer éventuellement les vivres du sac, 4 jours de vivres ordinaires pour les distributions quotidiennes, 1 jour d'eau, 1 jour de tonnelets vides et le matériel des subsistances et du campement. Pour porter un jour de vivres, composés comme il a été dit plus haut, il faut 51 chameaux (3 × 17), 1 bachamar monté et 17 sokrars. Pour porter un jour d'eau, il faut 153 chameaux (3 × 51), et 51 chameaux pour les tonnelets vides et le matériel. Le convoi de marche comprendra donc 10 groupes de 51 chameaux, soit 510 chameaux, 10 bachamars et 170 sokrars.

Comme je l'ai déjà dit, les jours sont courts en novembre; il est donc essentiel que les chameaux ne causent aucun retard, ni au départ, ni en marche, ni à l'arrivée. Pour cela, il faut bien choisir ces animaux au moment de la réquisition, ensuite bien les soigner, c'est-à-dire les laisser le plus longtemps possible au pâturage, par conséquent faire vivement les opérations de chargement et de déchargement. Les principaux chargements comprendront, soit quatre sacs contenant chacun 50 rations de pain, soit trois caisses contenant 38 kilogrammes de pain de guerre, soit deux sacs d'orge de 80 kilogrammes, soit deux tonnelets de 50 litres. Les denrées formeront six sections portant chacune un jour de vivres et d'orge; l'équipage d'eau formera trois sections, les tonnelets vides et le matériel une section.

Pour le premier chargement, on disposera dans la cour de la manutention les denrées de la 1re section en dix-sept tas, correspondant chacun au chargement des trois chameaux d'un sokrar. On fera entrer la 1re section. Après avoir dit au bachamar et aux sokrars le numéro de leur section et leur avoir expliqué qu'ils sont responsables collectivement de la perte des denrées, on montrera à chacun d'eux le tas qu'il doit charger. Le chargement terminé, deux cavaliers du goum conduiront la 1re section camper à un kilomètre sur la route à suivre le lendemain. On opérera de même pour les autres sections, de manière que, en commençant à 10 heures du matin, les dix sections seront campées à 4 heures du soir, avec le personnel administratif, dans l'ordre suivant :

1er rang, 1re, 2e et 3e sections; 2e rang, 4e, 5e et 6e sections; 3e rang, 7e, 8e et 9e section; 4e rang, 10e section et le troupeau.

Le lendemain matin, le chargement sera fait en vingt-cinq minutes et le convoi pourra prendre sa place dans la colonne, les sections 2, 5, 8 marchant sur la route, les autres à 50 mètres à droite et à gauche. Quand les convoyeurs auront bien compris cette formation, on pourra passer à la marche en colonne, les dix sections marchant l'une derrière l'autre, dans l'ordre de leurs numéros, la section de jour en tête. On pourra ensuite, suivant la nature du terrain, passer d'une formation à l'autre avec la plus grande facilité, la mémoire des yeux étant très développée chez les indigènes. Dès l'arrivée à l'étape, la section de jour qui doit faire la distribution et la section du matériel seront conduites au campement des services administratifs, immédiatement déchargées et les chameaux envoyés au pâturage; une partie des sokrars groupe les denrées, pendant que les ouvriers d'administration dressent les tentes et installent le matériel. Les autres sections sont conduites au campement des chameaux, immédiatement déchargées et les animaux conduits au pâturage, une partie des sokrars restant pour garder les denrées.

Pendant la colonne de 1896, aucun chameau n'a été perdu, aucun vol de denrées n'a été constaté. Les indigènes se sont montrés très adroits pour se servir des sacs, des caisses de denrées et des prélarts en remplacement de tentes. Ils avaient le droit de toucher des vivres remboursables, mais ils ont vécu exclusivement avec des galettes de farine d'orge qu'ils faisaient cuire sous la cendre. Pour une colonne aussi longue que celle du Touat, il serait nécessaire de leur faire gratuitement les mêmes allocations qu'aux cavaliers du goum.

§ 3. — *Convois de ravitaillement.*

De Saïda à Djenien, les denrées seront transportées comme en temps de paix, c'est-à-dire par voie ferrée jusqu'à Aïn Sefra, par charrettes ou par chameaux à l'entreprise d'Aïn Sefra à Djenien, en attendant que le chemin de fer de Djenien soit terminé.

De Djenien à Timmi, il y a 27 étapes; il faudra donc 54 sections de chameaux, la moitié retournant à vide. En admettant la création de six gîtes principaux d'étapes, il faudra diviser les chameaux en sept convois de ravitaillement, chacun d'eux étant exclusivement chargé des transports entre deux gîtes, toujours les mêmes, de manière à permettre aux animaux de se reposer, en marchant à vide quatre jours sur huit. En outre, ce procédé permettra, en cas d'urgence, aux convois vides de doubler les étapes, aux convois chargés de gagner un jour à chaque gîte principal, en faisant la remise des denrées au milieu de la journée.

Le convoi de ravitaillement n° 1 partira un jour après la colonne et la rejoindra à Ksar el Azoudj, où il fera la distribution pour le jour de séjour, passera quatre jours de vivres au convoi de marche, en laissera trois au gîte principal, en réserve, reviendra à vide, et fera ensuite la navette entre Ksar el Azoudj et Djenien.

Le convoi n° 2 partira deux jours après la colonne et la rejoindra à Zaouia Foukania; il fera la distribution du jour de séjour, passera quatre jours de vivres au convoi de marche, en laissera trois en réserve au gîte principal et fera ensuite la navette entre l'oued Foukania et Ksar el Azoudj.

De même pour les autres. Les trois jours laissés dans chaque poste sont destinés à parer aux éventualités et représentent trente-six jours pour la garnison du poste. Pour le ravitaillement quotidien des postes, il faudra ajouter 16 chameaux au convoi n° 1, 32 au convoi n° 2, 48 au convoi n° 3, etc., soit 448 chameaux + 6 p. 100 haut le pied, soit au total 475 chameaux. Deux chameaux portent en effet un jour de vivres et d'orge pour la garnison d'un poste.

§ 4. — *Boulangerie légère.*

Pour les colonnes opérant à grande distance, le pain est ordinairement remplacé par le pain de guerre. Le soldat tient cependant beaucoup à son pain quotidien. Pendant la colonne de 1896, les hommes n'ont pas hésité à payer le pain un franc le kilogramme les jours de consommation des vivres du sac. L'organisation d'une boulangerie légère me paraît donc très utile.

Pendant la colonne de 1896, j'avais fait charger sur le même chameau une caisse de pain de guerre et un sac de pain biscuité réglementaire. Ces denrées ont subi toutes les opérations journalières de chargement, de transport et de déchargement pendant quatorze jours. l'arrivée, la caisse de pain de guerre était intacte, les galettes distribuables et complètes; en ce qui concerne les 50 rations de pain biscuité, 18 étaient intactes, 22 étaient un peu brisées, mais distribuables, 10 étaient en miettes. Le pain de guerre peut donc être transporté sans inconvénient à la suite des colonnes; pour le transport à dos de chameaux, il serait nécessaire de fabriquer du pain biscuité sans entailles, car c'est toujours par les entailles que le pain commence à se briser. Un chameau peut porter à peu près le même nombre de rations de pain de guerre en caisses ou de pain biscuité en sacs.

La boulangerie légère sera installée au *dernier gîte principal*. Sa fabrication terminée, elle doublera les étapes de manière à rejoindre la colonne, le jour de séjour au gîte principal suivant, où elle fera la distribution de ce jour, passera quatre jours de pain au convoi de marche et prendra cinq jours de farine, de sel et de fleurage au convoi de ravitaillement. Elle devra donc travailler deux jours et demi sur cinq, c'est-à-dire fabriquer par vingt-quatre heures 4.000 rations de pain de repas ou de pain de soupe. Son organisation, résultant de ces données, sera la suivante :

Personnel : Un officier d'administration comptable, 33 commis et ouvriers.

Fours : Deux fours système Godelle de 200 rations.

Chameaux : Pour le transport des fours et de leur armement .... 14 chameaux

Pour le matériel des tentes, les bagages, les vivres .... 6 —

Pour le transport du personnel ..... 34 —

Haut le pied et pour les convoyeurs. 3 —

Total...... 57 chameaux.

Convoi de la boulangerie pouvant porter cinq jours de pain, 51 chameaux.

Soit deux sections de chameaux, deux bachamars, trente-six sokrars.

§ 5. — *Viande fraîche.*

La ration comprendra 400 grammes de viande et, à défaut, 250 grammes de conserves avec 30 grammes de julienne pour la soupe maigre, ou 25 grammes de saucisses Boissonnet pour la soupe grasse.

Pour permettre aux animaux venus de l'arrière de se reposer dans les gîtes principaux, il sera indispensable d'avoir recours le plus possible aux ressources locales, assez importantes en moutons. C'est pour ce motif qu'il sera préférable d'organiser ce service à l'entreprise; un entrepreneur, surtout s'il est choisi parmi ceux qui ont des relations commerciales avec Figuig, aura plus de facilités pour faire ses achats qu'un officier d'administration. En outre, si cet entrepreneur est autorisé à vendre des légumes frais, des épices, etc., aux ordinaires, il sera possible d'obtenir la viande à un prix avantageux. Pendant la colonne de 1896, la viande a été fournie à 1 fr. 07 alors que les troupes en station à Mécheria la payaient 1 fr. 05.

Pour un jour de viande, il faudra 7 bœufs et 15 moutons. Pour permettre aux animaux de se reposer au moins un jour sur cinq, la colonne emmènera 27 × 6 jours, soit 231 *bœufs et* 495 *moutons*. Ensuite, chaque convoi de ravitaillement amènera un troupeau de huit jours, de sorte qu'au moment de l'arrivée de la colonne au Touat, chaque gîte aura un troupeau de huit jours; les animaux pourront ainsi se reposer huit jours dans les gîtes principaux.

La distribution doit se faire *dès l'arrivée* de la colonne. A cet effet, les bêtes seront abattues dans l'après-midi, la viande mise dans des sacs, ou mieux, dans des corbeilles en osier, et transportée sur cinq *chameaux* qui marcheront le lendemain avec la section de jour du convoi. Ce procédé, employé en 1896, a donné d'excellents résultats.

§ 6. — *Chauffage.*

Les corps se procureront facilement le combustible nécessaire, notamment dans l'oued Dermel et l'oued Zousfana, où il y a beaucoup de tamarins.

§ 7. — *Campement.*

Les corps ne devront partir qu'avec du matériel en très bon état, de manière à réduire la réserve emportée par le convoi aux quelques objets qui se détériorent le plus facilement. Cette réserve devra notamment comprendre 150 couvertures, à distribuer chaque soir, en supplément, aux malingres, ainsi que quelques piquets et entraves de cavalerie, sinon, toutes les nuits, un certain nombre de chevaux seront lâchés dans le camp.

§ 8. — *Dépenses à prévoir.*

	Fr.
Transports de Saïda à Djenien. — Dépense journalière	260

Chameaux. — Convoi de marche	510	chameaux.
Convois de ravitaillement	2.754	—
Etapes	475	—
Boulangerie	108	—
Viande	5	—
TOTAL	3.852	chameaux.

	Fr.
Soit 3,852 chameaux à 2 fr. 50 par jour	9.630
Indemnité aux troupes en marche	412
Supplément de dépense pour la viande	476
— pour le vin ou le sucre et café	50
— pour l'eau-de-vie	125
— pour la graisse	70
— pour le tabac	12
Indemnités diverses (officiers d'approvisionnement, etc)	25
TOTAL	11.060
A déduire, les économies réalisées sur les fourrages.	200
	10.860
A ajouter, 5 p. 100 pour les pertes, les dépenses imprévues ou négligées (entrée en campagne, etc.).	400
La dépense journalière sera donc de	11.260

Soit *un million pour trois mois*. Ajoutons la même somme pour les colonnes de Géryville et de Laghouat et concluons qne l'expédition coûtera *deux millions*.

VII. — Occupation.

J'admettrai que l'occupation du pays sera faite, comme celle du Sud oranais, au moyen de petits postes fortifiés dont la résistance a été démontrée par l'expérience, qui serviront de centres de ravitaillement et permettront ainsi, mieux que de gros postes en petit nombre, de réduire les convois des troupes en marche. Je supposerai donc l'occupation de chacune des trois capitales, Timmimoun, Timmi et Insalah par une garnison de 500 hommes, un poste de liaison de 150 hommes, entre la 1re et la 2e, et un autre poste entre la 2e et la 3e, la distance entre ces oasis étant supérieure à 200 kilomètres, et enfin six postes de 150 hommes entre le Touat et le Sud oranais, postes dont l'utilité a été démontrée plus haut, à propos de l'occupation du Sud oranais.

L'organisation des transports, comme pendant la colonne, coûterait 9.630 fr. × 365 = trois millions et demi par an. Il faudra donc y renoncer dès que la sécurité sera suffisante et faire les ravitaillements à l'automne, en profitant des caravanes qui vont chercher des dattes. On pourra ainsi réduire le prix de transport du quintal à 35 francs pour le Touat et à 15 francs en moyenne pour les postes de l'oued Zousfana. Il sera nécessaire de transporter 65 quintaux de denrées par jour au Touat et 18 quintaux pour les postes, ce qui occasionnera une dépense annuelle de 890.000 francs. Cette dépense dépassera un million si l'on tient compte des transports des autres services.

VIII. — Transtouatien.

Le transtouatien, d'après M. le Capitaine du génie Calmel, coûte actuellement 60.000 francs par kilomètre. Si l'on remarque que le transtouatien sera bien plus facile à construire que le transsoudanien, on peut évaluer à 35 *millions* les frais de construction de la voie ferrée de 1 mètre, de Djenien à Timmi; ce capital, au prix actuel de l'argent, ne représente guère que 1 *million par un;* nous serons donc amenés à construire cette voie ferrée, qui sera d'abord une ligne de police, puis une voie commerciale le long de notre frontière, et nous permettra, en cas d'insurrection, de faire appel à la supériorité de notre industrie pour gagner l'ennemi de vitesse. Le chemin de fer et le télégraphe sont, en effet, nos plus puissants engins de guerre et de sécurité, en nous permettant de nous transporter plus vite que les indigènes partout où c'est nécessaire. L'expérience prouve, d'ailleurs, que la protection d'un chemin de fer est chose facile en pays arabe, et que les dégâts sont vite réparés. Les Russes nous ont donné l'exemple à suivre :

Le *transcaspien* de Mikhaïlewsk à Samarkand, sur 1.425 kilomètres, a été fait en six ans; les 262 kilomètres de Merv à l'Oxus ont été fait en trois mois, dans le sable, consolidé par des branchages. Un train apportait le matériel pour le lendemain, les vivres, l'eau et servait de logement. La ligne a été construite par des ouvriers du pays, dirigés par des soldats du régiment de chemin de fer.

Les indigènes, autrefois grands détrousseurs de caravanes, entretiennent aujourd'hui la voie, cultivent la terre et élèvent des chevaux.

IX. — Conclusion.

Si la méthode ordinaire peut amener un véritable désastre, la méthode que je viens d'indiquer n'est pas parfaite. Il peut se faire que des convois de ravitaillement soient enlevés, à moins que les garnisons des gîtes principaux ne soient notablement renforcées, ce qui augmentera l'effectif employé et par conséquent la dépense. L'occupation du Touat n'est pas urgente. Ne serait-il pas préférable de procéder méthodiquement, c'est-à-dire lentement mais sûrement ?

La *première année*, à l'automne, les troupes seraient poussées jusqu'à Ksar el Azoudj ; le poste fortifié serait créé, les points d'eau de la route améliorés, le chemin de fer tracé.

La *deuxième année*, à l'automne, les troupes seraient poussées jusqu'aux oasis des Beni Goumi. De ce point à Ksar el Azoudj on opérerait comme plus haut ; le chemin de fer de Ksar el Azoudj à Djenien serait construit.

En continuant ainsi, le Touat serait occupé pacifiquement dans *huit ans*, et nous aurions fait sûrement pénétrer la civilisation de 700 kilomètres dans l'intérieur de cette Afrique, misérable, nue, pillarde, livrée aux brutalités féodales ; par la sécurité et les capitaux français, nous aurions prolongé cette Algérie aujourd'hui bourdonnante, affairée, laborieuse, comme fécondée par le sang, l'intelligence et le travail.

Paris et Limoges. — Imp. milit. Henri CHARLES-LAVAUZELLE.

Librairie militaire Henri CHARLES-LAVAUZELLE

Paris, **11**, *Place Saint-André-des-Arts.*

Guerre franco-allemande de 1870-1871, par le capitaine Ch. Romagny, professeur de tactique et d'histoire à l'École militaire d'infanterie, accompagné d'un atlas comprenant 18 cartes-croquis en deux couleurs (honoré d'une souscription des ministères de la guerre et de l'instruction publique et d'une médaille d'honneur de la Société d'instruction et d'éducation). — Volume grand in-8° de 392 pages, et l'atlas........................ 10 »

Guerre de 1870. — **La première armée de l'Est.** — Reconstitution exacte et détaillée de petits combats avec cartes et croquis, par le commandant breveté Xavier Euvrard. — Volume grand in-8° de 268 pages....... 6 »

L'armée de Metz, 1870, par le colonel Thomas. — Vol. in-8° de 252 pages, orné d'un portrait et de deux cartes.............................. 3 »

Le maréchal Bazaine pouvait-il, en 1870, sauver la France? par Ch. Kuntz, major (H. S.), traduit par le colonel d'infanterie E. Girard. — Vol. in-8° de 248 p., avec une carte hors texte des envir. de Metz. 4 »

Campagne de 1870-71. — **Le 13° corps dans les Ardennes et dans l'Aisne,** ses opérations et celles des corps allemands opposés. Etude faite par le capitaine breveté Vaimbois, de l'état-major de la 10° division d'infanterie. — Volume in-8° de 224 pages...................... 3 50

La défense de Belfort, écrite sous le contrôle de M. le colonel Denfert-Rochereau, par MM. Édouard Thiers, capitaine du génie, et S. de la Laurencie, capitaine d'artillerie, anciens élèves de l'École polytechnique, de la garnison de Belfort (5° édition). — Volume in-8° de 420 pages, avec trois cartes et plans en couleurs hors texte......................... 7 50

Histoire militaire de la France depuis les origines jusqu'en 1843, par Emile Simond, capitaine au 28° d'infanterie. — 2 vol. in-32 de 112 et 102 pages, brochés, l'un. » 50; reliés pleine toile gaufrée, l'un..... » 75

Histoire militaire de la France, de 1843 à 1871, par Emile Simond, capitaine au 28° de ligne. — 2 volumes in-32 de 96 et 104 pages, brochés, l'un. » 50; reliés pleine toile gaufrée............................. » 75

Crimée-Italie. — Notes et correspondances de campagne du général de Wimpffen, publiées par H. Galli. *Ouvrage honoré d'une souscription du ministère de la guerre.* — Volume grand in-8° de 180 pages....... 5 »

Tableaux d'histoire à l'usage des sous-officiers candidats aux Écoles militaires de Saint-Maixent, Saumur, Versailles et Vincennes, par Noël Lacolle, lieutenant d'infanterie. — Volume in-18 de 144 pages. 2 50

Memento chronologique de l'histoire militaire de la France, par le capitaine Ch. Romagny, professeur de tactique et d'histoire à l'École militaire d'infanterie. — Volume in-18 de 316 pages...................... 4 »

Etude sommaire des campagnes d'un siècle, par le capitaine Ch. Romagny, professeur de tactique et d'histoire à l'École militaire d'infanterie. — **Campagne de 1792 et de 1803,** 1 volume (4 cartes). — **1800,** 1 volume (4 cartes). — **1805,** 1 volume (2 cartes). — **1809,** 1 volume (3 cartes). — **1812,** 1 volume (5 cartes). — **1813,** 1 volume (4 cartes). — **1814,** 1 volume (1 carte). — **1815,** 1 volume (1 carte). — **Crimée,** 1 volume (3 cartes). — **1859,** 1 volume (1 carte). — **1866,** 1 volume (4 cartes). — **1877-78,** 1 volume (3 cartes). — 12 volumes in-32, brochés, l'un..... » 50
Reliés pleine toile gaufrée.. » 75

Précis historique des campagnes modernes. Ouvrage accompagné de 36 cartes du théâtre des opérations, à l'usage de MM. les candidats aux diverses écoles militaires. — Volume in-18 de 224 pages, broché..... 3 50

Sans armée (1870-1871), Souvenirs d'un capitaine, par le commandant Kanappe. — Volume in-18 de 336 pages, broché........................ 3 50

Le siège de Lille en 1792, par Désiré Lacroix (2° édition). — Brochure in-18 de 32 pages, avec un plan pour suivre les phases du bombardement de la place... » 75

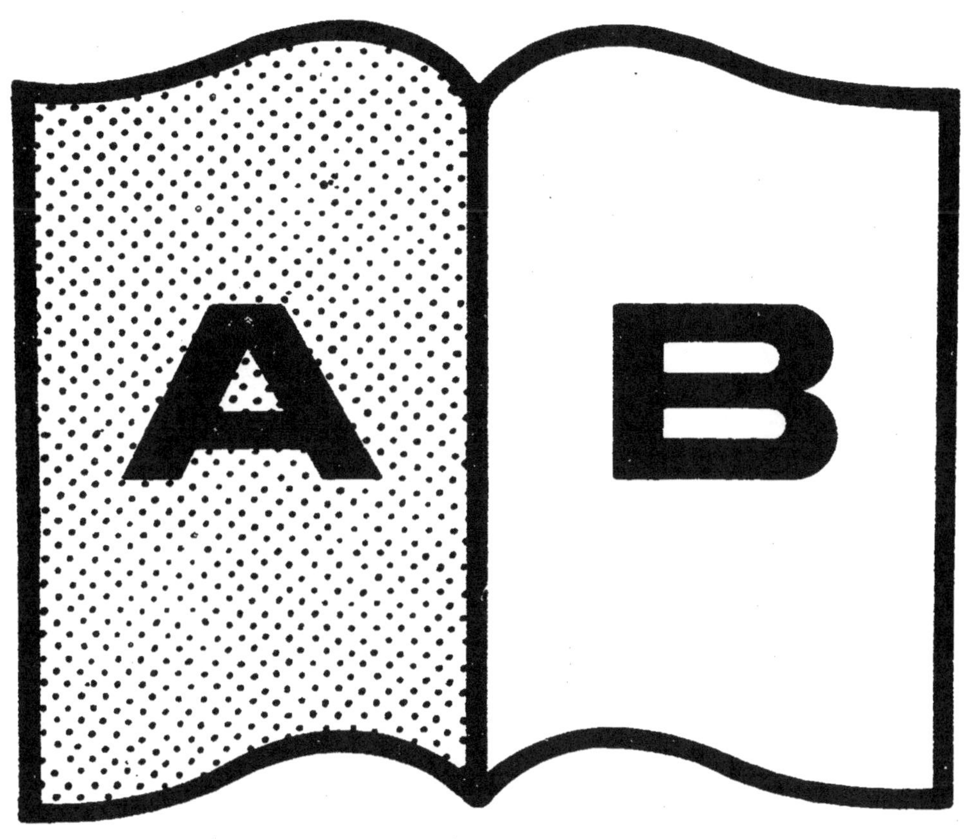

Contraste insuffisant

NF Z 43-120-14

www.ingramcontent.com/pod-product-compliance
Lightning Source LLC
LaVergne TN
LVHW020255230826
846091LV00006B/2420

9782012872714